Robert Ha

222 Gründe
unsere Nationalelf zu unterstützen

Robert Haller

222 Gründe
unsere Nationalelf zu unterstützen

Für Werner Kohlmeyer … und für alle, die unsere Nationalelf im Herzen tragen.

Copyright: © 2015 Robert Haller
Satz: Erik Kinting / www.buchlektorat.net
Umschlaggestaltung: Erik Kinting
Titelbild: © drubig-photo/fotolia.com

Verlag: tredition GmbH, Hamburg
ISBN: 978-3-7323-5191-6 (Paperback)
ISBN: 978-3-7323-5192-3 (Hardcover)
ISBN: 978-3-7323-5193-0 (e-Book)
Printed in Germany

Das Werk, einschliesslich seiner Teile, ist urheberrechtlich geschützt. Jede Verwertung ist ohne Zustimmung des Verlages und des Autors unzulässig. Dies gilt insbesondere für die elektronische oder sonstige Vervielfältigung, Übersetzung, Verbreitung und öffentliche Zugänglichmachung.

Bibliografische Information der Deutschen Nationalbibliothek:
Die Deutsche Nationalbibliothek verzeichnet diese Publikation in der Deutschen Nationalbibliografie; detaillierte bibliografische Daten sind im Internet über http://dnb.d-nb.de abrufbar.

222 Gründe die Nationalelf zu unterstützen
Eine Liebeserklärung an die großartigste Fußballnationalmannschaft der Welt

1.) Weil sich seit 2014 dank der Nationalelf jeder im Land ein wenig als Weltmeister fühlen darf!

2.) Weil man einfach bessere Laune hat, wenn unsere Nationalelf gewinnt!

3.) Weil Fußball der Lieblingssport der Deutschen ist!

4.) Weil die Nationalelf für so tolle Filme wie *Das Wunder von Bern* oder *Deutschland – Ein Sommermärchen* und *Die Mannschaft* sorgt!

5.) Weil die Nationalelf eine Liebe fürs ganze Leben ist!

6.) Weil unsere Elf bis zum Schlusspfiff nie aufgibt, egal wie es steht!

7.) Weil man immer weiß wo (und mit wem) man die Endspiele der Nationalelf geschaut hat!

8.) Weil die Nationalelf einfach alle Deutschen verbindet!

9.) Weil das Public Viewing so viel Spaß macht!

10.) Weil die Nationalelf meistens großen Erfolg hat!

11.) Weil (wie Oliver Pocher sagen würde): *Schwarz und Weiß, wir steh'n auf eurer Seite!*

12.) Weil nur die Nationalelfübertragung eine Autobahn absolut leeren kann!

13.) Weil es so viele tolle Preise bei Gewinnspielen mit Nationalelf-Bezug gibt!

14.) Weil die Nationalelf das Arbeitsplatzklima in Deutschland beeinflusst!

15.) Weil Siege unserer Nationalelf sogar (Liebes-)Kummer, Sorgen und Depressionen vertreiben können und das völlig umsonst und ohne Nebenwirkungen!

16.) Weil die Nationalelf selbst absolute Sportmuffel faszinieren und inspirieren kann!

17.) Weil die Nationalelf nicht (wie so manche Vereinsmannschaft) *zusammengekauft* ist!

18.) Weil man über manche Schiedsrichterentscheidung (z. B. das *Wembley-Tor*) noch 50 Jahre später diskutieren kann!

19.) Weil unsere Spieler so gut aussehen!

20.) Weil auch so viele Ausländer (vor allem im deutschsprachigen Raum) unsere Nationalelf lieben!

21.) Weil unsere Nationalelf wirklich eine Mannschaft und keine Einzelspieler-Versammlung ist!

22.) Weil man sich so sehr auf den Anpfiff von Länderspielen freuen und die Stunden bis zu großen Endspielen schon lange vorher herunterzählen kann!

23.) Weil das Team so offensiv spielt!

24.) Weil die Selbstmordrate sinkt, wenn die Nationalelf siegt!

25.) Weil die Presse vor und nach Spielen unserer Nationalelf immer für kreative Titelseiten sorgt!

26.) Weil bei Länderspielen alle Vereins-Feindseligkeiten vergessen sind!

27.) Weil nur die Nationalelf (durch spät stattfindende Spiele) sogar in Kasernen und Gefängnissen den Zapfenstreich verlängern kann!

28.) Weil unsere Nationalelf eine lange Tradition und großartige Geschichte vorweisen kann!

29.) Weil die Menschen (und Unternehmen) mehr spenden, wenn die Nationalelf gewinnt!

30.) Weil Welt- oder Europameisterschaften ohne Deutschland wie Suppe ohne Salz wären!

31.) Weil es in Deutschland die kultigsten Länderspielreporter gab und gibt!

32.) Weil unsere Jungs das *Weiße Ballett* (inzwischen auch mit weißen Hosen) sind!

33.) Weil unsere Elf eine Turniermannschaft ist und die (Titel-)Hoffnung meistens im Turnierverlauf wachsen lässt!

34.) Weil unsere Nationalelf sich so gut zur Legendenbildung eignet!

35.) Weil sich Kinder so sehr über Stickerbilder der Nationalelf freuen!

36.) Weil einem auf Grillfeten nie das Gesprächsthema ausgeht, solange die Nationalelf im Turnier ist!

37.) Weil unsere Nationalelf fast immer mehr Kilometer pro Spiel läuft als der Gegner!

38.) Weil man während der WM sogar triste Büros mal dekoriert (schwarz-rot-gold)!

39.) Weil die Nationalelf für neue Briefmarken- und Münzmotive sorgt!

40.) Weil Erfolge der Nationalelf die deutsche Wirtschaftsleistung und das Bruttoinlandsprodukt steigern!

41.) Weil unsere Nationalelf sehr coole Trikots hat!

42.) Weil während der WM manchmal sogar wildfremde Menschen im Park vor Begeisterung zusammen Fußball spielen, da die Nationalelf sie so sehr fasziniert!

43.) Weil unsere Elf in einigen großen Endspielen (1966, 1986 und 1992) viel Pech hatte!

44.) Weil das *Team hinter dem Team* so hart arbeitet und gut funktioniert!

45.) Weil die ganze Welt sich bei Erfolgen der Nationalelf auch für die Bundesliga interessiert!

46.) Weil die Nationalelf durch ihr Auftreten eine Visitenkarte Deutschlands abliefert!

47.) Weil dem Familienfrieden durch Siege unserer Elf gedient wird!

48.) Weil die Melodie unserer Hymne (Haydn sei Dank) so schön ist!

49.) Weil man seinen Kindern, Enkeln und Urenkeln noch von den dramatischen WM- und EM-Spielen der deutschen Elf erzählen kann!

50.) Weil auch die Nationalelf der Frauen weltklasse ist!

51.) Weil es so großen Spaß macht, den Kindern beim Bolzen im Garten zuzusehen, wenn sie ihren Nationalmannschaftsidolen nacheifern!

52.) Weil die deutschen Fans meistens laut sind und das Team (fast) immer unterstützen!

53.) Weil Deutschland schon immer die besten Torhüter hatte!

54.) Weil *Goleo* ein so cooles Maskottchen für unsere Nationalelf war!

55.) Weil manche Schulen den Unterricht später beginnen lassen, wenn die Nationalelf am Vorabend spät gespielt hat!

56.) Weil der Bundesadler weiter hoch fliegen soll!

57.) Weil das Sommerloch durch die Teilnahme unserer Elf an WM und EM so gut gefüllt wird!

58.) Weil es so viel Spaß macht Autokorso zu fahren!

59.) Weil wir einfach wieder mehr Wunder (wie das von Bern im Jahr 1954) brauchen!

60.) Weil das Land keine andere so sehr beachtete Nationalmannschaft wie die Fußballnationalelf hat!

61.) Weil die Chance auf ein weiteres *Sommermärchen* (Heim-WM wie im Jahr 2006) auch vom Erfolg der Nationalelf abhängt!

62.) Weil schon 1954 im Berner Wankdorfstadion keiner unserer Helden wankte!

63.) Weil ohne WM- oder EM-Teilnahme unserer Elf im Sommer das Fernsehprogramm schlechter wäre!

64.) Weil unsere TV-Gebühren bei WM- und EM-Rechten besser aufgehoben sind als bei manch anderer Sendung der öffentlich-rechtlichen Sender!

65.) Weil man mit der Nationalelf tolle Länder und andere Kontinente besuchen kann und zum Beispiel endlich mal die Färöer-Inseln kennenlernt!

66.) Weil die Fan-Schar der Nationalmannschaft immer weiter wächst!

67.) Weil die Firmen ihren Angestellten teilweise freigeben, wenn die Nationalelf spielt!

68.) Weil es *Wetten dass* nicht mehr gibt und bei Länderspielen die gesamte Familie noch zusammen TV schaut!

69.) Weil man magische Momente der Nationalelf (z. B. die WM-Endspiel-Siegtore von Rahn, Müller, Brehme und Götze) nie vergisst!

70.) Weil alte Original-Nationalmannschaftstrikots (z. B. von 1954) sehr wertvoll werden können!

71.) Weil einem ohne die Zitterpartien der Nationalelf die Adrenalinschübe fehlen würden!

72.) Weil 11 Spieler in WM- und EM-Endspielen den Traum einer ganzen Nation verwirklichen können!

73.) Weil die Nationalelf immer wieder einzelne Städte für Jahrzehnte unvergesslich macht (z. B. *Wunder von Bern*, *Schmach von Cordoba* und *Schande von Gijon*)!

74.) Weil die Nationalelf gewisse Jungen-Namen (wie z. B. *Mario*, nach Götzes Siegtreffer im WM-Endspiel 2014) in der Rangliste der beliebtesten Vornamen nach oben katapultiert!

75.) Weil 80 Millionen *Bundestrainer* über dasselbe diskutieren können (nämlich die Mannschaftsaufstellung)!

76.) Weil Autos mit schwarz-rot-goldenen Fähnlein einfach besser aussehen!

77.) Weil sich auch so viele Prominente als Fans der Nationalelf outen!

78.) Weil kaum eine andere Mannschaft so viele taktische Varianten und verschiedene Spielsysteme beherrscht, wie unsere Nationalelf!

79.) Weil *höchste Konzentration* (O-Ton von Jogi Löw) für unsere Elf stets das Wichtigste ist!

80.) Weil wir so gerne *So ein Tag, so wunderschön wie heute* und *Oh wie ist das schön* singen!

81.) Weil unseren Jungs auch bei Rückstand nach 45 Minuten immer noch etwas für die zweite Hälfte einfällt wie: *Wir müssen jetzt die Köpfe hochkrempeln!* (Lukas Podolski)

82.) Weil schon der große Gary Lineker wusste, dass am Ende immer die Deutschen gewinnen!

83.) Weil viele Journalisten und Reporter ohne die Nationalelf womöglich arbeitslos wären!

84.) Weil es vor den WM- und EM-Turnieren noch mehr Spaß macht, die dann erscheinenden Sonderhefte zu studieren, wenn unsere Elf in Topform ist und als Mitfavorit gilt!

85.) Weil mehr Leute in Deutschland Urlaub machen, wenn die Nationalelf weltweit für positive Schlagzeilen sorgt!

86.) Weil unsere Kicker immer für einen Scherz gut sind!

87.) Weil kaum eine andere Nationalelf einen offiziellen Fanclub (der richtig viel unternimmt und toll organisiert ist) hat!

88.) Weil mehr Bier getrunken wird und mehr Chips gegessen werden, wenn unsere Elf spielt!

89.) Weil der Einfallsreichtum einiger Fans riesig ist (z. B. das Haus schwarz-rot-gold zu streichen)!

90.) Weil es Höhen und Tiefen gibt und man bei unserer Elf nie weiß, was als Nächstes kommt!

91.) Weil es die *Bolzplatz-Kultur* in Deutschland erhält, wenn die Nationalmannschaft erfolgreich ist!

92.) Weil eine WM oder EM ohne unsere Elf irgendwie langweilig wäre!

93.) Weil nach Titelgewinnen unserer Nationalelf für ein paar Tage alles andere egal ist und jede Negativ-Nachricht ihren Schrecken verliert!

94.) Weil unsere Nationalelf für die Betreiber von Wasserwerken immer mal wieder einen kostenlosen Stresstest liefert (wenn z. B. die ganze Nation vor dem Elfmeterschießen aufs Klo geht)!

95.) Weil es während der WM und EM so viele Rabattaktionen gibt, wenn die Nationalelf möglichst lange im Turnier bleibt!

96.) Weil man bei jedem großen Turnier wieder von Neuem debattiert, ob (und wann) die Frauen und Freundinnen unserer Spieler ins Mannschaftsquartier dürfen!

97.) Weil nur die deutsche Nationalelf mit einer *Lichtgestalt* und einem *Kaiser* in Personalunion zweimal Weltmeister wurde!

98.) Weil so viele Leute, die auf unsere Elf tippen und wetten, sonst ihr Geld verlieren!

99.) Weil keine andere Nationalelf so einen Physiotherapeuten wie Adi Katzenmeier hat, der 1992 Guido Buchwald (der seine Zunge verschluckt hatte) auf dem Spielfeld das Leben rettete!

100.) Weil nur die Nationalelf einen durchs ganze Land laufenden Jubelsturm auslösen kann!

101.) Weil die Spielansetzungen unserer Elf mitunter (durch die Anpassung von Schichtplänen und das Verschieben wichtiger Meetings) die Flexibilität der deutschen Wirtschaft testen!

102.) Weil unsere Nationalelf fast immer gut organisiert auftritt!

103.) Weil sich auch die wenigen Deutschen, welche sich nicht für die Nationalelf interessieren, über die tolle Länderspielstimmung in den Kneipen und Gasthöfen freuen!

104.) Weil unsere Nationalelf so innovative Dinge wie *Schraubstollen* in den Fußball einführte!

105.) Weil nur unsere Nationalelf schon mal mit einem *Titanen* im Tor spielte!

106.) Weil unsere Nationalelf auch nach großen Erfolgen immer nach Optimierungsmöglichkeiten sucht!

107.) Weil die Grundschüler endlich freiwillig Mathe lernen, um die Tordifferenz ausrechnen zu können!

108.) Weil die Friseure mit ihren Schwarz-rot-gold-Tönungen auch etwas verdienen!

109.) Weil einem Niederlagen unserer Nationalelf den Schlaf rauben können!

110.) Weil nach Titelgewinnen unserer Elf wieder vermehrt Kinder in Sport- und Fußballvereinen angemeldet werden!

111.) Weil unsere Nationalelf-Helden immer wieder unterhaltsame Bücher schreiben!

112.) Weil die Gastronomie von jedem Spiel unserer Nationalelf profitiert!

113.) Weil man alle vier Jahre mit den Sportfreunden Stiller wieder *54, 74, 90, 2014* mitsingen kann!

114.) Weil der DFB nach Erfolgen unserer Nationalelf deutlich mehr Geld für soziale Projekte ausgeben kann!

115.) Weil Verlängerungen (und Elfmeterschießen) mit unserer Nationalelf spannender sind als jeder Krimi!

116.) Weil viele Länder ihre Nationalteams ehemaligen Trainern der deutschen Nationalelf (z. B. Vogts und Klinsmann) anvertrauen!

117.) Weil unsere Nationalelf den modernsten Mannschaftsbus und den coolsten Busfahrer hat!

118.) Weil möglichst viele Sterne das Trikot unserer Nationalelf zieren sollen!

119.) Weil nur die Nationalmannschaft die Leute zum Tanzen auf der Straße bringen kann!

120.) Weil man sich nach einem blamablen Ausscheiden unserer Nationalelf in den kommenden Monaten kaum noch ins Ausland traut!

121.) Weil es in Deutschland noch echte Straßenfußballer gibt!

122.) Weil der WM-Triumph 1990 auch die (innere) Wiedervereinigung des Landes gefördert hat!

123.) Weil es einfach schwerfällt, gegen diese Elf zu sein!

124.) Weil unsere Nationalelf nach Rückständen immer wieder zurückkommt!

125.) Weil das bevölkerungsreichste europäische Land nicht bei Europameisterschaften (und Weltmeisterschaften) fehlen darf!

126.) Weil ein Trikot unserer Nationalelf immer das richtige Geburtstags- oder Weihnachtsgeschenk ist!

127.) Weil man wegen der Nationalelf schon als Kind nachts manchmal heimlich die Radio-Übertragungen gehört hat!

128.) Weil die Nationalelf inzwischen eine richtig beliebte Marke ist!

129.) Weil durch Titel unserer Nationalelf die unzähligen ehrenamtlichen Trainer und Helfer im deutschen Fußball moralisch entlohnt werden!

130.) Weil die Titel mit der Nationalelf auch für die Spieler am Wichtigsten sind!

131.) Weil nirgendwo auf der Welt die Stadien so voll sind wie in Deutschland!

132.) Weil ein Titelgewinn unserer Nationalelf selbst den verregnetsten Sommer in einen wunderschönen Sommer verwandeln kann!

133.) Weil das Training unserer Nationalelf (jedenfalls nach Aussage von Bernd Hölzenbein) manchmal so geheim war, dass die Spieler selbst nicht zuschauen durften!

134.) Weil in Deutschland inzwischen wieder tolle Nachwuchsarbeit geleistet wird!

135.) Weil während der WM und EM ausnahmsweise mal Männer mit schwarz-rot-goldenen Krawatten zu sehen sind!

136.) Weil Spiele der Nationalelf hohes Kulturgut und frei über Radio und TV zu empfangen sind!

137.) Weil kaum ein anderes Team so offensiv verteidigt, wie unsere Nationalelf!

138.) Weil unsere Nationalspieler immer mal wieder für Schlagzeilen in (bzw. außerhalb) ihrer Turnier-Quartiere sorgen!

139.) Weil die deutschen Nationalspieler nach Fehlern meistens ehrlich sind. (Toni Schumacher zu seinem Fehler im WM-Finale 1986: *Ich habe gehalten wie ein Arsch.*)

140.) Weil nicht viele Nationalmannschaften schon (wie wir) Weltfußballer gestellt haben!

141.) Weil dank der Nationalelf seit 1976 jeder weiß, dass der Belgrader Nachthimmel Bälle verschluckt!

142.) Weil unsere Nationalelf bei der EM 1996 für das einzige *Golden Goal* bei einem großen Turnierfinale gesorgt hat!

143.) Weil (zumindest gerüchteweise) manche Damen (und vielleicht auch Herren) nach Titelgewinnen unserer Nationalelf ein Sektbad nehmen!

144.) Weil so manche Goldenen Bücher in Rathäusern ohne die Eintragungen unserer Nationalelfspieler ziemlich leer wären!

145.) Weil bei unserer Nationalelf auch schon mal (siehe Christoph Daum) eine Haarprobe über den zukünftigen Trainer entscheiden kann!

146.) Weil es ein Trainer unserer Nationalelf war, der richtig erkannte, dass der Ball rund ist, ein Spiel 90 Minuten dauert und nach dem Spiel vor dem Spiel ist!

147.) Weil vom Erfolg unserer Nationalelf viele Arbeitsplätze abhängen!

148.) Weil unsere Nationalelf schon öfter bewiesen hat, dass auch technisch limitierte Spieler Welt- und Europameister werden können!

149.) Weil unsere Spieler nach Toren so originell jubeln (manchmal sogar Salti schlagen)!

150.) Weil Niederlagen unserer Nationalelf die ganze Republik per Schockstarre lähmen können!

151.) Weil die Spitznamen unserer Nationalelf-Kicker (z. B. *Helmut* für Cacau oder *Flipper* für Klinsmann) schon lustig sind!

152.) Weil unsere Nationalelf bei der WM 2014 mit der *Müller-Rolle* einen legendären Freistoßtrick vorgeführt hat!

153.) Weil es bei Toren unserer Nationalelf so oft Freibier gibt!

154.) Weil in unserer Nationalelf schon über 40 Spieler auf den Vornamen *Willi* hörten!

155.) Weil Siege unserer Nationalelf das Wohlbefinden und die Gesundheit der Bevölkerung verbessern!

156.) Weil unsere Spieler (insbesondere bei der Schuhwahl und bei der Torhüterbekleidung) immer wieder modische Akzente setzen!

157.) Weil kein Team besser feiert als unseres!

158.) Weil nur unsere Nationalelf nach Titelgewinnen mit einem absoluten Ausnahmezustand und so vielen Menschen auf den Straßen empfangen wird!

159.) Weil man bei Toren der Nationalelf auch mal außerhalb von Silvester einen Böller oder eine Rakete zünden kann!

160.) Weil der DFB und viele andere Organisationen und Menschen in Deutschland der Nationalelf in allen Belangen helfen und möglichst gute Rahmenbedingungen schaffen!

161.) Weil unsere Nationalelf mit dem WM-Gewinn am 18. Dezember 2022 für eines der coolsten Weihnachtsgeschenke aller Zeiten sorgen könnte!

162.) Weil die Fans unserer Nationalelf immer wieder so tolle Gesänge erfinden!

163.) Weil die Sommerpause ohne Spiele unserer Nationalelf viel zu lang ist!

164.) Weil die deutsche Nationalelf zwar nicht auf der ganzen Welt geliebt, aber aufgrund ihrer Einsatzbereitschaft zumindest respektiert wird!

165.) Weil unsere Nationalelf einen *Taktikfuchs* an der Seitenlinie hat!

166.) Weil viele Nationalspieler soziale Projekte unterstützen und das Team sehr viele Wohltätigkeitsauftritte hat!

167.) Weil der DFB mit fast 7 Millionen Mitgliedern der größte Sportfachverband der Welt ist!

168.) Weil die Krake Paul als Spielausgangs-Orakel unsere Nationalelf so sehr mochte!

169.) Weil man sich in Deutschland zum absoluten Außenseiter macht, wenn man (aus welchem Grund auch immer) gegen unsere Nationalelf ist!

170.) Weil *An Tagen wie diesen*, an denen unsere Nationalelf einen Titel gewinnt, die Zeit wirklich stillzustehen scheint!

171.) Weil man als Kind oft länger aufbleiben darf, um die Spiele der Nationalelf zu sehen!

172.) Weil nach *Sepp Herberger* sogar ein ICE benannt wurde!

173.) Weil man beim Bejubeln von Toren unserer Nationalelf endlich mal völlig *ausflippen* und ungeniert jubeln kann!

174.) Weil unsere Nationalspieler die Hymne schon seit Generationen so schön schräg mitsingen!

175.) Weil bei den K.O.-Spielen unserer Nationalelf Triumph und Tragödie oft so nahe beieinanderliegen!

176.) Weil die deutschen Bundestrainer ganz unterschiedliche Spielphilosophien hatten und es immer spannend bleibt, was als Nächstes kommt!

177.) Weil die Nationalelf, egal wo sie auftritt, immer für deutsche Bandenwerbung sorgt!

178.) Weil die Nationalspieler (wie z. B. Mertesacker nach dem WM-Achtelfinale 2014 gegen Algerien) direkt nach Spielende immer die passende Antwort haben!

179.) Weil unsere Nationalelf fast immer sehr diszipliniert trainiert!

180.) Weil sonst kaum eine andere Nationalelf so gerne bei *Fritz Walter-Wetter* (Regen) spielt!

181.) Weil für die Nationalelf schon Spieler eingebürgert wurden, die dann gar kein Länderspiel für den DFB absolvierten!

182.) Weil es immer wieder Spieler gibt, die im Verein eine schlechte Phase haben, aber im Trikot der Nationalelf stets überzeugen können!

183.) Weil die Bundesligavereine durch Abstellungsgebühren direkt von der Nationalelf profitieren!

184.) Weil bei unserer Elf wirklich nichts dem Zufall überlassen wird (so wird z. B. vor Spielen immer erkundet, wie die Sonne während der 90 oder 120 Minuten über dem Stadion steht, damit der Spielführer bei der Seitenwahl die richtige Entscheidung trifft)!

185.) Weil unsere Nationalspieler am liebsten so einfache Gerichte wie Milchreis und Tomatensuppe essen!

186.) Weil während EM- und WM-Turnieren selbst an den entlegensten Orten und Gebäuden schwarz-rot-goldene Fahnen zu sehen sind!

187.) Weil manche Frisuren von Nationalspielern sogar in Filmen Kult wurden (z. B. die Rudi Völler-Gedächtnisfrisur in *Con Air*).

188.) Weil kaum eine andere Nationalelf je einen Spieler wie Gottfried Fuchs hatte, der 10 Tore in einem Spiel erzielte!

189.) Weil man vor jedem Länderspiel unserer Nationalelf gespannt sein darf, welche Kleidung Jogi Löw trägt!

190.) Weil es während WM- und EM-Turnieren oft kulinarische Highlights (z. B. spanische Wochen) in den Restaurants und Kantinen gibt!

191.) Weil so viele ehemalige Nationalspieler unserer Elf weiterhin tief verbunden sind!

192.) Weil der *Geist von Malente* weiterleben muss!

193.) Weil unsere Nationalelf einfach ein tolles Hobby für jedermann ist!

194.) Weil sogar schon mal (im Jahr 1910) Zuschauer für unsere Nationalelf spielen durften!

195.) Weil unsere Nationalelf mit Miro Klose den WM-Rekordtorschützen stellt!

196.) Weil unsere Nationalelf beinahe dafür gesorgt hätte, dass in London das neue Stadion *Dietmar-Hamann-Bridge* genannt worden wäre!

197.) Weil sich unsere Kicker schon lustige Motive haben tätowieren lassen!

198.) Weil es in Deutschland schon mal vorkommt, dass die Aufstellung der Nationalelf die erste Meldung einer Nachrichtensendung ist!

199.) Weil unsere Torhüter manchmal nicht nur Bälle fangen (z. B. Sepp Maier die Enten auf dem Spielfeld)!

200.) Weil selbst in Altenheimen und in Krankenhäusern dank der Nationalelf plötzlich ein Ball durchs Zimmer oder über den Gang rollt!

201.) Weil ohne die deutsche Nationalelf viele Witze (z. B. von Harald Schmidt) unmöglich gewesen wären!

202.) Weil bei unserer Nationalelf stets auch die Spieler, die gar nicht zum Einsatz kommen, mit ganzem Herzen dabei sind!

203.) Weil Deutschland gemäß einer Studie inzwischen der beliebteste Staat der Welt ist!

204.) Weil der DFB bei den Turnieren immer tolle Unterkünfte für das Team aussucht!

205.) Weil unsere Nationalelf vermutlich die einzige bleiben wird, die Brasilien mit 6 Toren Differenz in Brasilien besiegt hat!

206.) Weil niemand so cool auf einen Titelgewinn reagiert hat, wie Franz Beckenbauer, als er nach dem Schlusspfiff des WM-Endspiels 1990 gegen Argentinien einsam über den Rasen ging!

207.) Weil es für eine Weile sogar eine B-Nationalelf gab!

208.) Weil unsere Nationalelf-Torhüter mitunter sehr erfinderisch sind (wie Jens Lehmann mit seinem Spickzettel beim Elfmeterschießen gegen Argentinien 2006 bewies)!

209.) Weil manche Nationalverteidiger ihre Weltklasse-Gegenspieler so gut verteidigten und ihren Spielstil so gut nachahmten, dass sie fortan öfter deren Vornamen zu hören bekamen (z. B. *Diego* Buchwald)!

210.) Weil unsere Nationalelf den Libero praktisch erfunden und so lange am Leben erhalten hat!

211.) Weil Otto Rehhagel zwar nie deutscher Nationaltrainer wurde, aber mit dem deutschen Libero-System Griechenland zum Europameister machte!

212.) Weil die Nationalelf so viele fleißige Scouts hat!

213.) Weil in Deutschland Kinder schon einen Ball am Fuß haben, sobald sie mit dem Laufen beginnen!

214.) Weil sogar die Bundeskanzlerin hin und wieder in der Mannschaftskabine vorbeischaut!

215.) Weil Spiele mit Beteiligung unserer Nationalelf weltweit immer für höchste Einschaltquoten sorgen!

216.) Weil unsere Nationalelf für einige der schönsten Treffer der Fußballgeschichte gesorgt hat!

217.) Weil es für Freunde der Nationalelf inzwischen eine riesige Auswahl an Fan-Utensilien gibt!

218.) Weil man sich so schwer entscheiden kann, welcher anderen Nationalelf man die Daumen drückt, wenn unsere nicht (mehr) im Turnier ist!

219.) Weil für unsere Nationalelf (nachdem sie das WM-Endspiel 2014 gewonnen hatte) sogar ihr Flugzeug (in *Siegerflieger Fanhansa*) umgetauft wurde!

220.) Weil die Musikkorps von Bundeswehr und Polizei bei Heimspielen unserer Nationalelf vor großem Publikum auftreten dürfen!

221.) Weil bei den ehemaligen Nationalspielern (z. B. den verschiedenen Weltmeister-Teams) nach wie vor großer Zusammenhalt herrscht!

222.) Weil sich Bücher wie dieses ohne die Nationalelf überhaupt nicht verkaufen würden!